吾乡吾土 探索手册

山中万物 上

二年级

田字格公益 编

孔學堂書局

图书在版编目(CIP)数据

山中万物. 上 / 田字格公益编. -- 贵阳 : 孔学堂书局, 2025. 3. -- (吾乡吾土 / 肖诗坚主编).
ISBN 978-7-80770-601-4
Ⅰ. N49
中国国家版本馆CIP数据核字第2024DB9703号

吾乡吾土·探索手册　　肖诗坚　主编

山中万物(上)

SHANZHONG WANWU(SHANG)

田字格公益　编

责任编辑:窦玥声　周亿豪
装帧设计:潘伊莎　马鸿阅
排版制作:李珍敏
责任印制:张　莹　刘思妤

出版发行:贵州日报当代融媒体集团
　　　　　孔学堂书局
地　　址:贵阳市乌当区大坡路26号
印　　制:天津联城印刷有限公司
开　　本:889mm×1194mm　1/16
字　　数:30千字
印　　张:3.25
版　　次:2025年3月第1版
印　　次:2025年3月第1次印刷
书　　号:ISBN 978-7-80770-601-4
定　　价:18.00元

xiāng tǔ kāi kè cí

乡土开课辞

shù gāo qiān zhàng yè luò guī gēn
树高千丈，叶落归根；
wéi yǐ jiā xiāng wú shēng yǒu xiáng
惟以家乡，吾生有祥；
lǐ rén wéi měi zǔ dé liú fāng
里仁为美，祖德流芳；
tǔ yù wàn wù xiāngchéng wén huà
土育万物，乡承文化；
xuè mài xiāng lián zhì ài mò wàng
血脉相连，挚爱莫忘；
gǎn ēn xiāng tǔ hòu fú yǒu wàng
感恩乡土，厚福有望。

开卷语

亲爱的同学：

欢迎来到乡土课，与我们一起探索家乡美好的人、事、物！

大山中有哪些自然事物？我们常见的植物和动物有哪些？它们分别有什么特点？它们之间有什么关系？

本学期，我们将一起走进大自然，去发现山中的植物、动物和它们之间的奥秘。

你准备好了吗？

目 录

kāi xué dì yī kè
开学第一课 …… 1

zǒu jìn shān zhōng wàn wù
1 走进山中万物 …… 4

wàn wù qǐ yuán de shén huà
2 万物起源的神话 …… 7

rèn shi zhí wù péng you men
3 认识植物朋友们 …… 11

duō zī duō cǎi zhí wù yè
4 多姿多彩植物叶 …… 17

zhí wù shēng cún yǒu zhì huì
5 植物生存有智慧 …… 21

cháng jiàn dòng wù dà jiē mì
6 常见动物大揭秘 …… 28

dòng wù péng you gòng xiàn dà
7 动物朋友贡献大 …… 31

dòng wù zhí wù dà jù huì
8 动物植物“大聚会” …… 36

huì zhì dòng zhí wù lè yuán
9 绘制动植物“乐园” …… 38

kāi xué dì yī kè

开学第一课

xīn xué qī, xiāng tǔ kè kāi kè la! cóng jīn tiān kāi shǐ, wǒ men jiāng zài cì tà shàng xiāng tǔ zhī lǚ

新学期，乡土课开课啦！从今天开始，我们将再次踏上乡土之旅。

zǒu jìn xiāng tǔ kè

走进乡土课

tóng xué men, hái jì de《xiāng tǔ kāi kè cí》ma?

同学们，还记得《乡土开课辞》吗？

xiāng tǔ kāi kè cí

乡土开课辞

shù gāo qiān zhàng, yè luò guī gēn;

树高千丈，叶落归根；

wéi yǐ jiā xiāng, wú shēng yǒu xiáng;

惟以家乡，吾生有祥；

lǐ rén wéi měi, zǔ dé liú fāng;

里仁为美，祖德流芳；

tǔ yù wàn wù, xiāng chéng wén huà;

土育万物，乡承文化；

xuè mài xiāng lián, zhì ài mò wàng;

血脉相连，挚爱莫忘；

gǎn ēn xiāng tǔ, hòu fú yǒu wàng.

感恩乡土，厚福有望。

tóng xué men hái jì de yīn liàng guī zé ma?

同学们还记得音量规则吗？

0 1 2 3

zhǎo dào xīn péng you
找到新朋友

xīn xué qī ràng wǒ men yì qǐ lái què dìng xīn de xiǎo zǔ hé zǔ yuán ba tóu piào shí jì de shǎo shù fú cóng duō shù
新学期，让我们一起来确定新的小组和组员吧！投票时，记得少数服从多数！

zǔ míng
组名：……………………

zǔ zhǎng
组长：……………………

zǔ yuán
组员：……………………

……………………

……………………

zhè ge xué qī xiāng tǔ kè de zhǔ tí shì
这个学期乡土课的主题是：

□□□□

xiǎo zǔ chū liàng xiàng
小组初亮相

jiē xià lái qǐng xiàng dà jiā jiè shào yí xià zì jǐ de xiǎo zǔ ba
接下来，请向大家介绍一下自己的小组吧！

kè táng xīn guī zé
课堂新规则

qǐng bǎ kè táng guī zé jì lù xià lái ba
请把课堂规则记录下来吧！

kè táng guī zé
课堂规则

fā yán yào jǔ shǒu
①发言要举手。

②……………………………………

③……………………………………

jīn rì shōu huò
今日收获

wǒ men yì qǐ lái xiě yi xiě jīn rì shōu huò ba
我们一起来写一写今日收获吧！

nián yuè rì jīn rì zhǔ tí
…………年…………月…………日　　今日主题：……………………

……………………………………

……………………………………

……………………………………

……………………………………

……………………………………

……………………………………

1 走进山中万物

zǒu jìn shān zhōng wàn wù

学习驿站（复习户外课堂约定）

xué xí yì zhàn　fù xí hù wài kè táng yuē dìng

zǒu jìn shānzhōng wàn wù qián， wǒ men xiān yì qǐ lái fù xí hù wài kè táng yuē dìng ba！

走进山中万物前，我们先一起来复习户外课堂约定吧！

bù yuǎn pǎo， ài huā cǎo；
不远跑，爱花草；

yǒu wèn tí， zhǎo lǎo shī；
有问题，找老师；

pái hǎo duì， kàn jiǎo xià；
排好队，看脚下；

diǎn rén shù， jí shí bào；
点人数，及时报；

dī shēng zǒu， tīng zhǐ huī。
低声走，听指挥。

体验世界（发现山中万物）

tǐ yàn shì jiè　fā xiàn shān zhōng wàn wù

zǒu jìn shānzhōng， nǐ men kàn dào、 tīng dào、 wén dào le shén me？ qǐng jì lù xià lái。

走进山中，你们看到、听到、闻到了什么？请记录下来。

wǒ kàn dào le
我看到了

wǒ tīng dào le
我听到了

wǒ wén dào le
我闻到了

chú cǐ zhī wài, wǒ hái fā xiàn le
除此之外，我还发现了……………………

……………………………………………………

……………………………………………………

fēn xiǎng yuán dì
分享园地

zì yóu guān chá wàn wù
（·自由观察万物·）

qǐng xiàng dà jiā fēn xiǎng xīn fā xiàn de shì wù ba
请向大家分享新发现的事物吧！

xué xí yì zhàn
学习驿站

zì yóu guān chá wàn wù
·自由观察万物·

ràng wǒ men yì qǐ lǎng dú wàn wù gē ba
让我们一起朗读《万物歌》吧！

wàn wù gē
万物歌

fēng qǐ yún yǒng tiān dì kuān, rì yuè xīng chén zhào shì jiān;
风起云涌天地宽，日月星辰照世间；

shān chuān xiù lì shuǐ chán chán, hé miáo zhuó zhuàng guā guǒ xiān。
山川秀丽水潺潺，禾苗茁壮瓜果鲜。

mì fēng qín láo cǎi huā mì, qīng tíng diǎn shuǐ wǔ qīng yíng;
蜜蜂勤劳采花蜜，蜻蜓点水舞轻盈；

mǎ yǐ pái duì máng bù tíng, hú dié piān piān huā jiān xíng。
蚂蚁排队忙不停，蝴蝶翩翩花间行。

jīn tǔ shuǐ huǒ xiāng jiāo róng, cǎo mù cōng lóng zhú lín mì;
金土水火相交融，草木葱茏竹林密；

liáng tián féi wò gǔ mǎn cāng, cài shū dòu guǒ mǎn zhuō xiāng。
良田肥沃谷满仓，菜蔬豆果满桌香。

jīn rì shōu huò
今日收获

wǒ men yì qǐ lái xiě yi xiě jīn rì shōu huò ba
我们一起来写一写今日收获吧！

nián yuè rì jīn rì zhǔ tí
……年……月……日　　今日主题：……

……

……

……

……

2 万物起源的神话

wàn wù qǐ yuán de shén huà

学习驿站

xué xí yì zhàn

神话中的万物起源

shén huà zhōng de wàn wù qǐ yuán

天地之间有日月星辰、花草树木和动物，这些东西都是从哪里来的呢？我们一起来阅读神话故事《盘古开天辟地》，从故事中寻找答案吧！

tiān dì zhī jiān yǒu rì yuè xīng chén huā cǎo shù mù hé dòng wù zhè xiē dōng xi dōu shì cóng nǎ lǐ lái de ne wǒ men yì qǐ lái yuè dú shén huà gù shi pán gǔ kāi tiān pì dì cóng gù shi zhōng xún zhǎo dá àn ba

pán gǔ sǐ hòu, tā hū chū de qì huà chéng le ________ hé ________,
盘古死后，他呼出的气化成了________和________，
zuǒ yǎn huà chéng le ________, yòu yǎn huà chéng le ________, shǒu zú
左眼化成了________，右眼化成了________，手足
hé shēn qū huà chéng le dà dì de sì jí hé wǔ fāng de ________, xuè yè
和身躯化成了大地的四极和五方的________，血液
huà chéng le ________, jīn mài huà chéng le ________, jī ròu huà chéng
化成了________，筋脉化成了________，肌肉化成
le ________, tóu fa huà chéng le tiān shàng de ________, hàn máo huà chéng
了________，头发化成了天上的________，汗毛化成
le ________, yá chǐ、gǔ tou hé gǔ suǐ huà chéng le shǎnguāng de jīn shǔ、
了________，牙齿、骨头和骨髓化成了闪光的金属、
jiān yìng de ________ yǔ wēn rùn de bǎo yù, shēnshang chū de hàn huà chéng le qīng
坚硬的________与温润的宝玉，身上出的汗化成了清
lù hé gān lín……
露和甘霖……

pán gǔ shēn tǐ de měi gè bù fen dōu biànchéng le shén me?
盘古身体的每个部分都变成了什么？

shén huà zhōng tí dào, pán gǔ yòng tā de shēn tǐ
神话中提到，盘古用他的身体
chuàng zào le tiān dì rì yuè hé shān chuān shù mù, nà
创造了天地日月和山川树木，那
me rén yòu shì zěn me lái de ne?
么人又是怎么来的呢？

wǒ men yì qǐ lái yuè dú gù shi nǚ wā tuán tǔ zào rén kàn kan zài shén
我们一起来阅读故事《女娲抟土造人》，看看在神
huà gù shi zhōng rén shì cóng hé ér lái de
话故事中，人是从何而来的。

hé pán gǔ kāi tiān pì dì de gù shi yí yàng
和盘古开天辟地的故事一样，
nǚ wā tuán tǔ zào rén yě shì rén men xiǎng xiàng de gù
女娲抟土造人也是人们想象的故
shi zhè ge shén huà gù shi gào sù wǒ men wàn wù
事。这个神话故事告诉我们：万物
zhōng de rén lèi shì nǚ wā yòng tuán tǔ de fāng fǎ zào
中的人类是女娲用抟土的方法造
chū lái de
出来的。

chuàng zuò lè yuán
创作乐园

wǒ xué nǚ wā niē ní rén
·我学女娲捏泥人·

wǒ men lái xué xue nǚ wā niē ní rén ba
我们来学学女娲捏泥人吧！

yòng yí bù fen ní ba cuō chū yí gè yuán qiú zuò wéi ní rén de tóu bù
1. 用一部分泥巴搓出一个圆球，作为泥人的头部；

yòng lìng yí bù fen ní ba cuō niē chū yí gè fāng kuài hé sì gēn cháng tiáo zuò wéi ní rén de qū gàn hé sì zhī
2. 用另一部分泥巴搓捏出一个方块和四根长条，作为泥人的躯干和四肢；

bǎ ní rén de shēn tǐ gè bù wèi yòng xiǎo mù gùn huò yá qiān lián jiē dào yì qǐ
3. 把泥人的身体各部位用小木棍或牙签连接到一起；

yòng yá qiān huò mù gùn kè chū ní rén de yǎn jing zuǐ ba bí zi hé ěr duo
4. 用牙签或木棍刻出泥人的眼睛、嘴巴、鼻子和耳朵。

fēn xiǎng yuán dì
分享园地

wǒ xué nǚ wā niē ní rén
·我学女娲捏泥人·

qǐng hé dà jiā fēn xiǎng nǐ niē de ní rén ba
请和大家分享你捏的泥人吧！

jīn rì shōu huò
今日收获

wǒ men yì qǐ lái xiě yi xiě jīn rì shōu huò ba
我们一起来写一写今日收获吧！

nián yuè rì jīn rì zhǔ tí
……年……月……日　今日主题：……

3 认识植物朋友们

rèn shi zhí wù péng you men

体验世界

tǐ yàn shì jiè

寻找植物朋友

xún zhǎo zhí wù péng you

你认识大山里的哪些植物？请在认识的植物后面的圆圈里画“√”。

nǐ rèn shi dà shān lǐ de nǎ xiē zhí wù qǐng zài rèn shi de zhí wù hòu miàn de yuán quān lǐ huà

夏枯草 (xià kū cǎo)

多年生草本植物，可以入药，花是紫色的。

duō nián shēng cǎo běn zhí wù kě yǐ rù yào huā shì zǐ sè de

折耳根 (zhé ěr gēn)

又名鱼腥草，可以作蔬菜食用。

yòu míng yú xīng cǎo kě yǐ zuò shū cài shí yòng

野艾蒿 (yě ài hāo)

多年生草本植物，可入药，也可作蔬菜食用。

duō nián shēng cǎo běn zhí wù kě rù yào yě kě zuò shū cài shí yòng

拉拉秧 (lā lā yāng)

多年生缠绕草本，可以入药。

duō nián shēng chán rào cǎo běn kě yǐ rù yào

mù zéi
木贼

duō nián shēng cháng lǜ cǎo běn, kě rù
多年生常绿草本，可入
yào, yě kě zuò dào lù lǜ huà zhí wù
药，也可作道路绿化植物。

chē qián cǎo
车前草

yì nián huò liǎng nián shēng cǎo běn, kě rù
一年或两年生草本，可入
yào, yě kě zuò shū cài shí yòng
药，也可作蔬菜食用。

guǐ zhēn cǎo
鬼针草

yì nián shēng cǎo běn zhí wù, kě yǐ rù
一年生草本植物，可以入
yào, zhǒng zi ài zhān yī fu
药，种子爱粘衣服。

sū tiě
苏铁

guó jiā yī jí bǎo hù zhí wù, yīn mù zhì
国家一级保护植物，因木质
chén zhòng rú tiě dé míng, shēng zhǎng huǎn
沉重如铁得名，生长缓
màn bú yì kāi huā, gù yǐ "tiě shù kāi
慢不易开花，故以“铁树开
huā" bǐ yù nán dé yí jiàn de shì wù
花”比喻难得一见的事物。

xiāng chūn
香椿

qiáo mù, nèn yá yǒu xiāng qì, kě shí
乔木，嫩芽有香气，可食
yòng, shì chūn jì tè yǒu de měi wèi
用，是春季特有的美味。

qiān lǐ guāng
千里光

cǎo běn zhí wù, quánshēn kě yǐ rù yào
草本植物，全身可以入药。

yā zhí cǎo
鸭跖草

cǎo běn zhí wù quánshēn kě rù yào
草本植物，全身可入药。

yě mián huā
野棉花

duō niánshēng cǎo běn zhí wù quánshēn kě rù yào
多年生草本植物，全身可入药。

shǔ qū cǎo
鼠曲草

cǎo běn zhí wù jīng kě rù yào
草本植物，茎可入药。

chángchūnténg
常春藤

duō nián shēng cháng lǜ zhí wù yǒu měi huà huán jìng zhī yòng
多年生常绿植物，有美化环境之用。

mǎ lán
马兰

duō nián shēng cǎo běn zhí wù kě rù yào yě kě zuò shū cài shí yòng
多年生草本植物，可入药，也可作蔬菜食用。

jīn yín huā
金银花

duō niánshēng bàn cháng lǜ zhí wù kě rù yào yǒu qīng rè jiě dú de gōngxiào
多年生半常绿植物，可入药，有清热解毒的功效。

xiǎng yi xiǎng nǐ hái rèn shi nǎ xiē zhí wù péng you ne
想一想，你还认识哪些植物朋友呢？

xué xí yì zhàn 学习驿站

guān chá zhí wù péng you shù
观察植物朋友：树

nǐ zhī dào zhè shì shén me shù ma qǐng jìn jù lí guān chá yí xià ba
你知道这是什么树吗？请近距离观察一下吧！

yòng yǎn jing kàn yi kàn tā yóu …… zǔ chéng shù gàn de yán sè shì …… yè zi de xíng zhuàng shì …… yán sè shì ……
用眼睛看一看，它由……组成，树干的颜色是……，叶子的形状是……，颜色是……。

yòng shǒu mō yi mō tā de shù gàn …… tā de yè zi ……
用手摸一摸，它的树干……，它的叶子……。

bǎ xiǎo bí zi tiē jìn tā wén yi wén tā de wèi dào shì ……
把小鼻子贴近它，闻一闻，它的味道是……。

xué xí yì zhàn
学习驿站

guān chá zhí wù péng you cǎo
观察植物朋友：草

nǐ rèn shi tā men ma qǐng jìn jù lí guān chá yí xià ba
你认识它们吗？请近距离观察一下吧！

kàn yi kàn guǐ zhēn cǎo yóu zǔ chéng yè zi
看一看，鬼针草由……………………组成，叶子

de yán sè shì xíng zhuàng shì huā duǒ
的颜色是……………………，形状是……………………，花朵

shì
是……………………。

mō yi mō tā de chù gǎn shì
摸一摸，它的触感是……………………。

wén yi wén tā de wèi dào shì
闻一闻，它的味道是……………………。

nǐ xué huì guān chá zhí wù de fāng fǎ le ma
你学会观察植物的方法了吗？

chuàng zuò lè yuán
创作乐园

huà hua zhí wù péng you
·画画植物朋友·

wǒ men lái huà yi huà zhí wù péng you ba
我们来画一画植物朋友吧！

jīn rì shōu huò
今日收获

wǒ men yì qǐ lái xiě yi xiě jīn rì shōu huò ba
我们一起来写一写今日收获吧！

nián yuè rì jīn rì zhǔ tí
……年……月……日 今日主题：……………

……………………………………

……………………………………

……………………………………

……………………………………

duō zī duō cǎi zhí wù yè
4 多姿多彩植物叶

tǐ yàn shì jiè
体验世界

wǒ huì tí wèn tí
·我会提问题·

guān yú zhí wù de yè zi nǐ xiǎng liǎo jiě nǎ
关于植物的叶子，你想了解哪
xiē nèi róng ne dà jiā tǎo lùn yí xià ba
些内容呢？大家讨论一下吧！

lì wǒ duì yè zi de yán sè hěn hào qí xiǎng zhī dào yè zi wèi shén
例：我对叶子的颜色很好奇，想知道叶子为什
me shì lǜ sè de
么是绿色的。

wǒ men xiǎo zǔ duì yè zi de hěn hào qí xiǎng zhī dào yè zi
我们小组对叶子的……………很好奇，想知道叶子
……………………………………………………………………。

xué xí yì zhàn 学习驿站　guān chá yè zi yǒu fā xiàn ·观察叶子有发现·

wǒ men kě yǐ kàn yi kàn yè zi de xíng zhuàng yán sè dà xiǎo mō yi mō yè zi biǎo miàn shì fǒu guāng huá wén yi wén yè zi yǒu méi yǒu wèi dào

我们可以看一看叶子的形状、颜色、大小，摸一摸叶子表面是否光滑，闻一闻叶子有没有味道。

yuán lái měi piàn yè zi dōu bù yí yàng yǒu bù tóng de yán sè xíng zhuàng qì wèi hé zhì dì

原来每片叶子都不一样，有不同的颜色、形状、气味和质地。

xué xí yì zhàn 学习驿站　yè zi bǐ yi bǐ ·叶子比一比·

wǒ men lái zhǎo yi zhǎo yè zi de xiāng tóng diǎn hé bù tóng diǎn ba

我们来找一找叶子的相同点和不同点吧！

xiāng tóng diǎn 相同点

1. ……………………

2. ……………………

3. ……………………

4. ……………………

yè zi yì bān yóu sān bù fen zǔ chéng

叶子一般由＿＿＿、＿＿＿、＿＿＿三部分组成。

bù tóng diǎn
不同点

1. ……

2. ……

3. ……

4. ……

chuàng zuò lè yuán
创作乐园

huà yi huà yè zi
·画一画叶子·

měi zhǒng yè zi dōu yǒu qí dú tè xìng, ràng wǒ men yì qǐ bǎ tā men huà xià lái ba
每种叶子都有其独特性，让我们一起把它们画下来吧！

rú guǒ nǐ zhī dào huà de shì nǎ zhǒng zhí wù de yè zi, qǐng xiě shàng tā de míng zi ō
如果你知道画的是哪种植物的叶子，请写上它的名字噢！

jīn rì shōu huò
今日收获

wǒ men yì qǐ lái xiě yi xiě jīn rì shōu huò ba
我们一起来写一写今日收获吧！

　　　nián　　yuè　　rì　　　　jīn rì zhǔ tí
………年………月………日　　　今日主题：……………………

……………………………………………………………………

……………………………………………………………………

……………………………………………………………………

……………………………………………………………………

……………………………………………………………………

……………………………………………………………………

zhí wù shēng cún yǒu zhì huì
5 植物生存有智慧

tǐ yàn shì jiè
体验世界

tàn jiū zhí wù de zhì huì
·探究植物的智慧·

wèi shén me wǒ men zǒu zài shān lǐ de shí hou, yī fu shang jīng cháng zhān dào guǐ zhēn cǎo de zhǒng zi?
为什么我们走在山里的时候，衣服上经常粘到鬼针草的种子？

wèi shén me xiān rén zhǎng de jīng shí fēn féi dà, ér yè zi què chéng le cì?
为什么仙人掌的茎十分肥大，而叶子却成了刺？

wèi shén me sōng shù de gēn dōu zhā de hěn shēn ne?
为什么松树的根都扎得很深呢？

wèi shén me tù sī zǐ yào chán zài qí tā zhí wù shang?
为什么菟丝子要缠在其他植物上？

wèi shén me yǒu de zhí wù gēn xì fā dá
为什么有的植物根系发达？

wèi shén me wān dòu yè zi dǐng bù shì juǎn qū de
为什么豌豆叶子顶部是卷曲的？

wèi shén me lā lā yāng de jīng shang zhǎng mǎn le cì
为什么拉拉秧的茎上长满了刺？

wèi shén me cháng chūn téng de yǒu xiē gēn lù zài ní tǔ wài miàn
为什么常春藤的有些根露在泥土外面？

wèi shén me yīng tao de yán sè xiān yàn
为什么樱桃的颜色鲜艳？

nǐ hái zhī dào nǎ xiē zhí wù de shēng cún zhì huì ne qǐng shì zhe shuō yi shuō xiě yi xiě
你还知道哪些植物的生存智慧呢？请试着说一说、写一写。

chuàng zuò lè yuán 创作乐园

gòng huì dān yuán qì pào tú 共绘单元“气泡图”

guān yú zhí wù wǒ men xué xí le nǎ xiē nèi róng ne yì qǐ huà chū dān yuán qì pào tú ba

关于植物，我们学习了哪些内容呢？一起画出单元“气泡图”吧！

我的单元成长档案

经过这段时间的学习，你对自己的表现还满意吗？请根据自己的表现给星星涂色吧！

自我评价

维度	描述	评价
审美情趣	我能画出 2～3 种植物的外形特点	☆
自信分享	我喜欢分享，能自信、大方、有礼貌地分享我的作品和观点	☆
乡土认同	我能说出本地常见植物的名字	☆
勇于探究	我能提出自己感兴趣的关于植物的问题	☆
	我能通过观察，描述出植物及其叶子的特征	☆

（续表）

zì wǒ píng jià
自我评价

wéi dù 维度	miáo shù 描述	píng jià 评价
lè xué shàn xué 乐学善学	wǒ néng jī jí cān yù guān chá xiǎo zǔ tǎo lùn chuàng zuò děng huó dòng 我能积极参与观察、小组讨论、创作等活动	☆
	wǒ néng huì zhì dān yuán qì pào tú 我能绘制单元“气泡图”	☆
	wǒ néng yùn yòng wǒ de dān yuán chéng zhǎng dàng àn wán chéng zì píng hé píng jià tā rén 我能运用“我的单元成长档案”完成自评和评价他人	☆
gōu tōng hé zuò 沟通合作	wǒ néng zài tǎo lùn zhōng zūn shǒu lún liú fā yán dá chéng gòng shí fēn gōng míng què zhuān zhù qīng tīng de hé zuò xué xí yuē dìng 我能在讨论中遵守“轮流发言”“达成共识”“分工明确”“专注倾听”的合作学习约定	☆

wǒ yí gòng dé dào le kē xīng xing
我一共得到了______颗星星。

kàn kan zhè ge dān yuán wǒ néng lǐng qǔ nǎ ge tú xiàng ba
看看这个单元我能领取哪个图像吧！

kē
8~9颗★：

kē
6~7颗★：

kē
3~5颗★：

kē
1~2颗★：

xiǎo zǔ hù píng
小组互评

wǒ de míng zi
我的名字：

xù hào 序号	hé zuò yuē dìng 合作约定	píng jià rén 评价人				
①	lún liú fā yán 轮流发言					
②	zhuān zhù qīng tīng 专注倾听					
③	fēn gōng míng què 分工明确					
④	dá chéng gòng shí 达成共识					

wán quán zuò dào 完全做到：○　bù fen zuò dào 部分做到：△　méi yǒu zuò dào 没有做到：？

xiǎo zǔ hé zuò shí, xiǎo zǔ chéng yuán yǒu nǎ xiē hǎo de hé zuò xíng wéi
小组合作时，小组成员有哪些好的合作行为：

xiǎo zǔ chéng yuán de nǎ xiē xíng wéi, kě yǐ zuò de gèng hǎo
小组成员的哪些行为，可以做得更好：

jiào shī píng jià
教师评价

sù yǎng mù biāo 素养目标	shěn měi 审美 qíng qù 情趣	zì xìn 自信 fēn xiǎng 分享	xiāng tǔ 乡土 rèn tóng 认同	yǒng yú 勇于 tàn jiū 探究	lè xué 乐学 shàn xué 善学	gōu tōng 沟通 hé zuò 合作	zǒng tǐ 总体 biǎo xiàn 表现
fēi cháng chū sè 非常出色							
zài jiē zài lì 再接再厉							
nǔ lì jiā yóu 努力加油							
hái xū gǎi jìn 还需改进							

jiào shī píng yǔ
教师评语：

cháng jiàn dòng wù dà jiē mì

6 常见动物大揭秘

tǐ yàn shì jiè

体验世界

xún zhǎo xiào yuán xiǎo dòng wù

·寻找校园小动物·

ràng wǒ men yì qǐ qù hù wài kàn kan néng zhǎo dào nǎ xiē dòng wù ba zhǎo dào dòng wù yǐ hòu qǐng jì lù shì zài nǎr zhǎo dào tā men de tā men jiào shén me tā men zhèng zài gàn shén me ne

让我们一起去户外看看能找到哪些动物吧！找到动物以后，请记录是在哪儿找到它们的？它们叫什么？它们正在干什么呢？

wǒ zài ________ zhǎo dào le ________，
我在________找到了________，

tā zhèng zài ________。
它正在________。

wǒ zài ________ zhǎo dào le ________，
我在________找到了________，

tā zhèng zài ________。
它正在________。

wǒ zài ________ zhǎo dào le ________，
我在________找到了________，

tā zhèng zài ________。
它正在________。

rú guǒ yǒu bú rèn shi de xiǎo dòng wù kě yǐ xiān gěi tā qǐ gè míng zi ō

如果有不认识的小动物，可以先给它起个名字噢！

jì de bù shāng hài xiǎo dòng wù bú yòng shǒu chù pèng mì fēng wú gōng děng yǒu wēi xiǎn de xiǎo dòng wù ō

记得不伤害小动物，不用手触碰蜜蜂、蜈蚣等有危险的小动物噢！

xué xí yì zhàn
学习驿站

wǒ gěi dòng wù fēn fen lèi
我给动物分分类

wǒ men yì qǐ lái gěi dòng wù fēn fen lèi ba
我们一起来给动物分分类吧！

1

2

3

4

5

6

7

8

9

10

11

12

dà jiā xiān xiǎo zǔ tǎo lùn rú hé gěi dòng wù fēn lèi rán hòu xuǎn zé yí wèi dài biǎo fēn xiǎng běn zǔ de jié lùn ba
大家先小组讨论如何给动物分类，然后选择一位代表分享本组的结论吧！

chuàng zuò lè yuán
创作乐园

cāi cai tā men dōu shì shuí
猜猜它们都是谁

wǒ men xiě jǐ gè yǒu guān dòng wù de mí yǔ， qǐng qí tā tóng xué cāi yi cāi ba！ xiě mí yǔ shí， jì de miáo shù chū xiǎo dòng wù de wài xíng tè zhēng ō！

我们写几个有关动物的谜语，请其他同学猜一猜吧！写谜语时，记得描述出小动物的外形特征噢！

……………………………………………………

……………………………………………………

jīn rì shōu huò
今日收获

wǒ men yì qǐ lái xiě yi xiě jīn rì shōu huò ba
我们一起来写一写今日收获吧！

……年……月……日　　jīn rì zhǔ tí 今日主题：……………………

……………………………………………………

……………………………………………………

……………………………………………………

……………………………………………………

……………………………………………………

dòng wù péng you gòng xiàn dà
7 动物朋友贡献大

tǐ yàn shì jiè
体验世界

hé dòng wù jiāo péng you
·和动物交朋友·

ràng wǒ men yì qǐ bāng dà shù shuǐ niú hé xiǎo huā zhǎo dòng wù péng you ba
让我们一起帮大树、水牛和小花找动物朋友吧！

mì fēng
蜜蜂

qiū yǐn
蚯蚓

wō niú
蜗牛

niú bèi lù
牛背鹭

zhī zhū
蜘蛛

dà shù shuō wèi wǒ sōng tǔ ràng wǒ zài tǔ lǐ zhù de hěn shū fu wǒ xiǎng hé tā jiāo péng you
大树说：“____________为我松土，让我在土里住得很舒服，我想和它交朋友。”

shuǐ niú shuō néng qīng chú wǒ shēnshang de jì shēngchóng wǒ xiǎng hé tā jiāo péng you
水牛说：“____________能清除我身上的寄生虫，我想和它交朋友。”

xiǎo huā shuō kě yǐ bāng wǒ shòu fěn wǒ xiǎng hé tā jiāo péng you
小花说：“____________可以帮我授粉，我想和它交朋友。”

qǐng zài héng xiàn shang tián rù nǐ rèn wéi hé shì de dòng wù ba
请在横线上填入你认为合适的动物吧！

xué xí yì zhàn
学习驿站

dòng wù péng you gòng xiàn dà
动物朋友贡献大

wǒ men yì qǐ tǎo lùn yí xià dòng wù de gòng xiàn ba
我们一起讨论一下动物的贡献吧！

dòng wù kě yǐ　　　　　　kě yǐ　　　　　　hái kě yǐ
动物可以……………………，可以……………………，还可以

　　　　　　　　　　　　　　　　　dòng wù
……………………………………………………，动物

de gòng xiàn zhēn dà ya
的贡献真大呀！

dòng wù shì dì qiú shàng bù kě huò quē de yí bù fen nǐ hái zhī dào dòng wù de
动物是地球上不可或缺的一部分。你还知道动物的

nǎ xiē gòng xiàn ne shì zhe shuō yi shuō xiě yi xiě ba
哪些贡献呢？试着说一说、写一写吧！

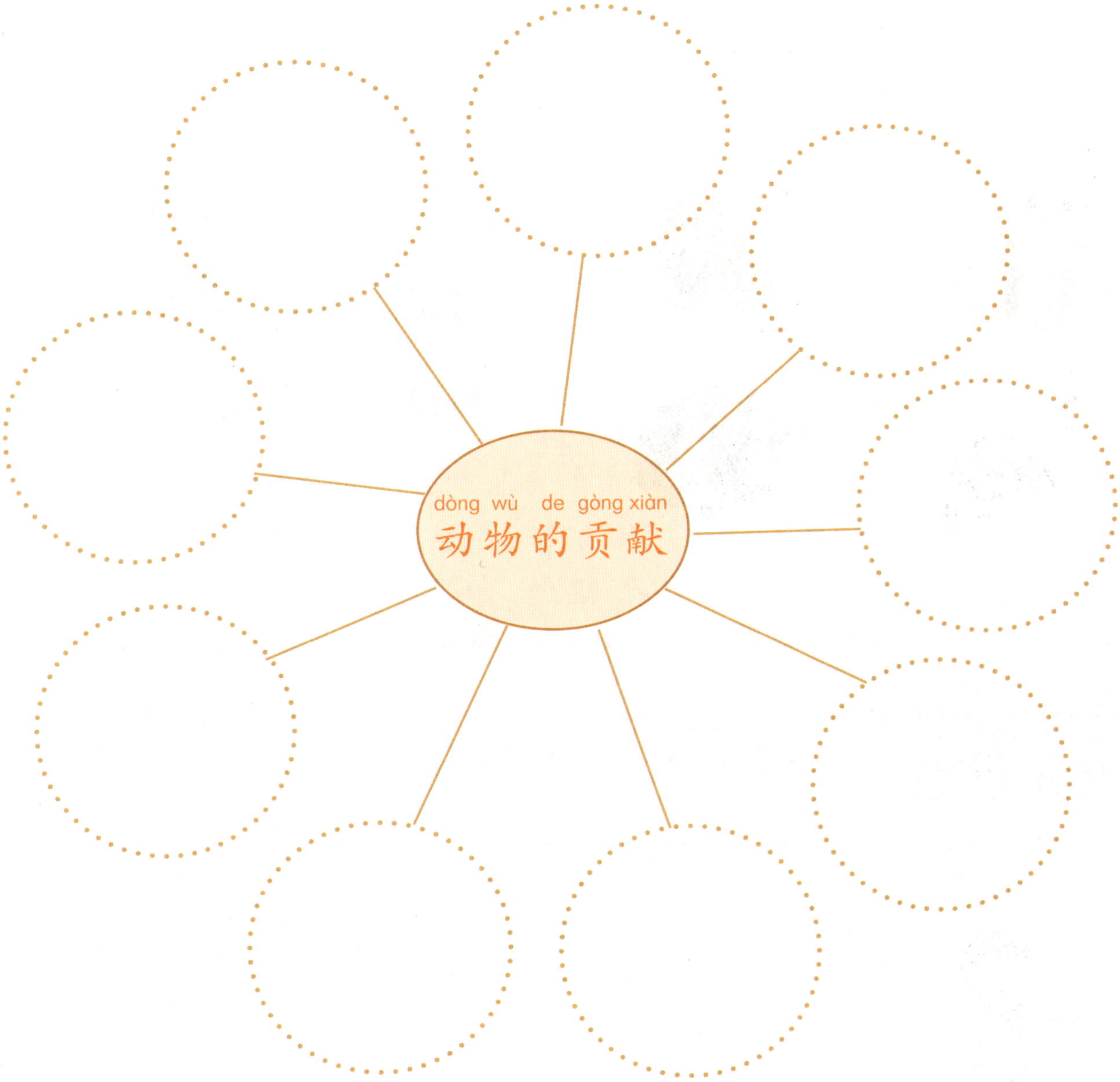

chuàng zuò lè yuán
创作乐园

wǒ yòng cǎi ní niē dòng wù
我用彩泥捏动物

wǒ men yǐ jīng rèn shi le zhè me duō dòng wù péng you jiē xià lái ràng wǒ men
我们已经认识了这么多动物朋友，接下来让我们

yì qǐ yòng cǎi ní niē chū tā men de yàng zi ba
一起用彩泥捏出它们的样子吧！

jì de yào tǐ xiàn tā
记得要体现它

men de wài xíng shēn tǐ jié
们的外形、身体结

gòu ō
构噢！

fēn xiǎng yuán dì
分享园地

fēn xiǎng cǎi ní zuò pǐn
分享彩泥作品

xiàng dà jiā fēn xiǎng yí xià nǐ chuàng zuò de dòng wù
向大家分享一下你创作的动物

péng you ba
朋友吧！

jīn rì shōu huò
今日收获

wǒ men yì qǐ lái xiě yi xiě jīn rì shōu huò ba
我们一起来写一写今日收获吧！

nián yuè rì jīn rì zhǔ tí
年 月 日 今日主题：

dòng wù zhí wù dà jù huì
8 动物植物“大聚会”

xué xí yì zhàn
学习驿站

dòng wù zhí wù lián yi lián
动物植物“连一连”

qǐng nǐ guān chá yǐ xià dòng zhí wù jiāng yǒu guān xì de shì wù lián qǐ lái ba
请你观察以下动植物，将有关系的事物连起来吧！

shuǐ dào
水稻

bái cài
白菜

qīng wā
青蛙

wō niú
蜗牛

yá chóng
蚜虫

piáo chóng
瓢虫

yā zi
鸭子

píng guǒ
苹果

shé
蛇

dòng zhí wù zhī jiān jiù xiàng bèi yì gēn xiàn qiān zhe xíng chéng le yì zhāng jù dà de shēngmìngwǎng
动植物之间就像被一根线牵着，形成了一张巨大的生命网。

chuàng zuò lè yuán
创作乐园

dòng wù zhí wù dà jù huì
动物植物“大聚会”

zài kǎ piàn shang huà chū nǐ yào bàn yǎn de yì zhǒng dòng wù huò zhí wù cān jiā zhè chǎng jù huì ba
在卡片上画出你要扮演的一种动物或植物，参加这场“聚会”吧！

lì
例：

jīn rì shōu huò
今日收获

wǒ men yì qǐ lái xiě yi xiě jīn rì shōu huò ba
我们一起来写一写今日收获吧！

nián yuè rì jīn rì zhǔ tí
……年……月……日　　今日主题：……

……

……

……

……

huì zhì dòng zhí wù lè yuán
9 绘制动植物“乐园”

chuàng zuò lè yuán
创作乐园

huì zhì dòng zhí wù lè yuán
（·绘制动植物“乐园”·）

qǐng bǎ dòng zhí wù huà zài yí gè lè yuán lǐ ba
请把动植物画在一个“乐园”里吧！

chuàng zuò lè yuán
创作乐园

gòng huì xué qī “qì pào tú”
共绘学期“气泡图”

zhè xué qī wǒ men dōu xué xí le shén me nèi róng huà yi huà běn xué qī de
这学期我们都学习了什么内容？画一画本学期的

qì pào tú ba
“气泡图”吧！

wǒ de xué qī chéng zhǎng dàng àn
我的学期成长档案

jīng guò zhè ge xué qī de xué xí nǐ duì zì jǐ de biǎo xiàn hái mǎn yì ma qǐng
经过这个学期的学习，你对自己的表现还满意吗？请
gēn jù zì jǐ de biǎo xiàn gěi xīng xing tú sè ba
根据自己的表现给星星涂色吧！

zì wǒ píng jià
自我评价

wéi dù 维度	miáo shù 描述	píng jià 评价
shěn měi qíng qù 审美情趣	wǒ néng xīn shǎng tā rén zuò pǐn biǎo dá fā xiàn yǔ gǎn shòu 我能欣赏他人作品，表达发现与感受	☆
	wǒ néng huà chū cháng jiàn dòng zhí wù de tè diǎn 我能画出常见动植物的特点	☆
zì xìn fēn xiǎng 自信分享	wǒ yuàn yì fēn xiǎng guān chá gǎn shòu hé zuò pǐn 我愿意分享观察、感受和作品	☆
	wǒ néng shēng yīn hóng liàng yǒu lǐ mào de fēn xiǎng 我能声音洪亮、有礼貌地分享	☆
	wǒ néng yòng liú chàng de yǔ yán jìn xíng fēn xiǎng 我能用流畅的语言进行分享	☆
lè xué shàn xué 乐学善学	wǒ néng jī jí cān yù kè táng jǔ shǒu fā yán 我能积极参与课堂、举手发言	☆
	wǒ néng huì zhì qì pào tú 我能绘制“气泡图”	☆
	wǒ néng yùn yòng wǒ de chéng zhǎng dàng àn wán chéng zì píng hé píng jià tā rén 我能运用“我的成长档案”完成自评和评价他人	☆

（续表）

zì wǒ píng jià
自我评价

wéi dù 维度	miáo shù 描述	píng jià 评价
yǒng yú tàn jiū 勇于探究	wǒ yuàn yì tí wèn tí 我愿意提问题	☆
	wǒ néng lì yòng gǎn guān hé gōng jù，dé chū jiǎn dān de jié lùn 我能利用感官和工具，得出简单的结论	☆
shè huì zé rèn 社会责任	wǒ néng zūn shǒu kè táng guī zé hé huó dòng guī zé 我能遵守课堂规则和活动规则	☆
	wǒ zhī dào dòng wù hé zhí wù xiāng hù guān lián、quē yī bù kě 我知道动物和植物相互关联、缺一不可	☆
xiāng tǔ rèn tóng 乡土认同	wǒ duì jiā xiāng de dòng zhí wù yǒu le xīn de rèn shi 我对家乡的动植物有了新的认识	☆
shí jiàn chuàng xīn 实践创新	wǒ néng yòng cǎi ní niē chū wài xíng tè zhēng míng xiǎn de xiǎo dòng wù 我能用彩泥捏出外形特征明显的小动物	☆
gōu tōng hé zuò 沟通合作	wǒ néng zài xiǎo zǔ tǎo lùn zhōng zūn shǒu “lún liú fā yán”“zhuān zhù qīng tīng” děng hé zuò xué xí yuē dìng 我能在小组讨论中遵守“轮流发言”“专注倾听”等合作学习约定	☆
	wǒ néng yǔ zǔ yuán yǒu hǎo hé zuò，rèn zhēn wán chéng zì jǐ de rèn wù 我能与组员友好合作，认真完成自己的任务	☆

（续表）

zì wǒ píng jià
自我评价

wǒ yí gòng dé dào le kē xīng xing
我一共得到了______颗星星。

kàn kan zhè ge xué qī wǒ néng lǐng qǔ nǎ ge tú xiàng ba
看看这个学期我能领取哪个图像吧！

kē
13~16颗★：

kē
9~12颗★：

kē
5~8颗★：

kē
1~4颗★：

xiǎo zǔ hù píng
小组互评

wǒ de míng zi
我的名字：

xù hào 序号	hé zuò yuē dìng 合作约定	píng jià rén 评价人				
①	lún liú fā yán 轮流发言					
②	zhuān zhù qīng tīng 专注倾听					
③	jī jí zhù rén 积极助人					
④	fēn gōng míng què 分工明确					
⑤	duō fāng qiú zhù 多方求助					
⑥	jǔ shǒu biǎo jué 举手表决					
⑦	dá chéng gòng shí 达成共识					
⑧	jí shí diǎn zàn 及时点赞					

wán quán zuò dào 完全做到：○　bù fen zuò dào 部分做到：△　méi yǒu zuò dào 没有做到：？

xiǎo zǔ hé zuò shí， xiǎo zǔ chéng yuán yǒu nǎ xiē hǎo de hé zuò xíng wéi
小组合作时，小组成员有哪些好的合作行为：

xiǎo zǔ chéng yuán de nǎ xiē xíng wéi， kě yǐ zuò de gèng hǎo
小组成员的哪些行为，可以做得更好：

jiào shī píng jià
教师评价

sù yǎng mù biāo 素养目标	shěn měi qíng qù 审美情趣	zì xìn fēn xiǎng 自信分享	xiāng tǔ rèn tóng 乡土认同	yǒng yú tàn jiū 勇于探究	lè xué shàn xué 乐学善学	gōu tōng hé zuò 沟通合作	shí jiàn chuàngxīn 实践创新	shè huì zé rèn 社会责任	zǒng tǐ biǎo xiàn 总体表现
fēi cháng chū sè 非常出色									
zài jiē zài lì 再接再厉									
nǔ lì jiā yóu 努力加油									
hái xū gǎi jìn 还需改进									

jiào shī píng yǔ
教师评语：